AF218790

Impressum
Verlag: BABADADA GmbH, Nedderfeld 112 , 22529 Hamburg
Geschäftsführer / Verlagsleitung: Harald Hof
Druck: Books on Demand GmbH, In de Tarpen 42, 22848 Norderstedt

Imprint
Publisher: BABADADA GmbH, Nedderfeld 112 , 22529 Hamburg, Germany
Managing Director / Publishing direction: Harald Hof
Print: Books on Demand GmbH, In de Tarpen 42, 22848 Norderstedt

除
diviser

186/2

黑板
tableau noir

教室
salle de classe

校园
cour (de récréation)

老师
professeur

纸
papier

书写
écrire

钢笔
stylo

办公桌
bureau

直尺
règle

书
livre

学生
élève

书包

cartable

铅笔盒

trousse

铅笔

crayon

卷笔刀

taille-crayon

橡皮擦

gomme

画板

carnet à dessin

图画
dessin

画笔
pinceau

颜料盒
boîte de peinture

剪刀
ciseaux

胶水
colle

练习册
cahier d'exercices

家庭作业
devoirs

数字
chiffre

加
additionner

减
soustraire

乘
multiplier

计算
calculer

字母
lettre

字母表
alphabet

字
mot

课文

texte

读

lire

粉笔

craie

上课

leçon

登记

livre de classe

考试

examen

证书

certificat

校服

uniforme scolaire

教育

formation

百科全书

lexique

大学

université

显微镜

microscope

地图

carte

废纸筐

corbeille à papier

酒店
hôtel

Grand

青年旅社
auberge

ROOMS

外币兑换处
bureau de change

手提箱
valise

ECHANGE

汽车
voiture

语言
langue

是/否
oui / non

好的
d'accord

您好
Salut

翻译员
interprète

谢谢
merci

......多少钱？

Combien coûte...?

我不明白

Je ne comprends pas

问题

problème

晚上好！

Bonsoir !

早上好！

Bonjour !

晚安！

Bonne nuit !

再见

Au revoir

方向

direction

行李

bagages

包

sac

双肩包

sac-à-dos

客人

hôte

房间

pièce

睡袋

sac de couchage

帐篷

tente

旅游信息

office de tourisme

海滩

plage

信用卡

carte de crédit

早餐

petit-déjeuner

午餐

déjeuner

晚餐

dîner

票

billet

电梯

ascenseur

邮票

timbre

边界

frontière

海关

douane

大使馆

ambassade

签证

visa

护照

passeport

旅行 - voyage

交通运输
transport

飞机
avion

船
navire

消防车
véhicule de pompiers

公交车
bus

卡车
camion

汽艇
bateau à moteur

汽车
voiture

自行车
bicyclette

摆渡船

ferry

小船

barque

摩托车

moto

警车

voiture de police

赛车

voiture de course

租车

voiture de location

拼车

auto-partage

拖车

voiture de remorquage

垃圾车

benne à ordures

发动机

moteur

汽油

essence

加油站

station d'essence

交通标志

panneau indicateur

交通

trafic

交通堵塞

embouteillage

停车场

parking

火车站

gare

轨道

rails

火车

train

电车

tramway

货车

wagon

交通运输 - transport

直升机

hélicoptère

机场

aéroport

塔

tour

乘客

passager

集装箱

conteneur

纸板箱

carton

手推车

chariot

篮子

corbeille

起飞/降落

décoller / atterrir

城市

ville

村庄

village

市中心

centre-ville

房子

maison

电影院
cinéma

广告
publicité

路灯
réverbère

CINEMA

街道
rue

出租车
taxi

小吃店
kiosque

行人
piéton

人行道
trottoir

斑马线
passage piéton

垃圾箱
poubelle

十字路口
carrefour

红绿灯
feux de circulation

小屋
cabane

公寓
appartement

火车站
gare

市政厅
mairie

博物馆
musée

学校
école

大学

université

银行

banque

医院

hôpital

酒店

hôtel

药房

pharmacie

办公室

bureau

书店

librairie

商店

magasin

花店

fleuriste

超市

supermarché

市场

marché

百货商店

grand magasin

鱼店

poissonnerie

购物中心

centre commercial

海港

port

公园

parc

长凳

banque

桥

pont

楼梯

escaliers

地铁

métro

隧道

tunnel

公交车站

arrêt de bus

酒吧

bar

餐馆

restaurant

邮筒

boîte à lettres

路标

panneau indicateur

停车计时器

parcmètre

动物园

zoo

游泳馆

piscine

清真寺

mosquée

农场
ferme

污染
pollution

墓地
cimetière

教堂
église

操场
aire de jeux

寺庙
temple

地形

paysage

树叶
feuille

指示牌
panneau indicateur

路
chemin

草地
pré

石头
pierre

树
arbre

徒步旅行者
randonneur

河
rivière

草
herbe

花
fleur

峡谷

vallée

山

montagne

湖

lac

森林

forêt

沙漠

désert

火山

volcan

城堡

château

彩虹

arc-en-ciel

蘑菇

champignon

棕榈树

palmier

蚊子

moustique

苍蝇

mouche

蚂蚁

fourmis

蜜蜂

abeille

蜘蛛

araignée

地形 - paysage

甲虫

coléoptère

青蛙

grenouille

松鼠

écureuil

刺猬

hérisson

野兔

lièvre

猫头鹰

chouette

鸟

oiseau

天鹅

cygne

野猪

sanglier

鹿

cerf

麋鹿

élan

水坝

barrage

风力发电机

éolienne

太阳能电池板

panneau solaire

气候

climat

服务员
serveur

菜单
menu

椅子
chaise

汤
soupe

披萨饼
pizza

餐具
couverts

桌布
nappe

前菜

hors d'œuvre

主菜

plat principal

甜点

dessert

饮料

boissons

食物

alimentation

瓶子

bouteille

快餐
fast-food

街边小吃
plats à emporter

茶壶
théière

糖盒
sucrier

一份饭菜
portion

意式咖啡机
machine à expresso

高脚椅
chaise haute

账单
facture

托盘
plateau

刀
couteau

餐叉
fourchette

勺子
cuillère

茶匙
cuillère à thé

餐巾
serviette

玻璃杯
verre

碟子
assiette

汤盘
assiette à soupe

碟子
soucoupe

酱
sauce

盐瓶
salière

胡椒磨
moulin à poivre

醋
vinaigre

食用油
huile

调味料
épices

番茄酱
ketchup

芥末
moutarde

蛋黄酱
mayonnaise

特价
offre promotionnelle

顾客
client

乳制品
produits laitiers

水果
fruits

购物车
chariot

肉铺
boucherie

面包房
boulangerie

称重
peser

蔬菜
légumes

肉
viande

冷冻食品
aliments surgelés

冷盘
charcuterie

罐头食品
conserves

洗衣粉
poudre à lessive

甜食
bonbons

日用品
articles ménagers

清洁用品
détergents

销售员
vendeuse

收银机
caisse

收银员
caissier

购物清单
liste d'achats

开放时间
heures d'ouverture

钱包
portefeuille

信用卡
carte de crédit

袋子
sac

塑料袋
sac en plastique

饮料
boissons

水
eau

果汁
jus de fruit

牛奶
lait

可乐
coca

红酒
vin

啤酒
bière

酒
alcool

可可
chocolat chaud

茶
thé

咖啡
café

意式浓缩咖啡
expresso

卡布奇诺
cappuccino

香蕉

banane

苹果

pomme

橙子

orange

西瓜

melon

柠檬

citron

胡萝卜

carotte

大蒜

ail

竹子

bambou

洋葱

oignon

蘑菇

champignon

坚果

noisettes

面条

pâtes

意大利面条

spaghetti

米饭

riz

沙拉

salade

薯条

pommes frites

炸土豆

pommes de terre rôties

披萨饼

pizza

汉堡包

hamburger

三明治

sandwich

炸猪排

escalope

火腿

jambon

萨拉米

salami

香肠

saucisse

鸡肉

poulet

烤肉

rôti

鱼

poisson

燕麦片

flocons d'avoine

穆兹利

muesli

玉米片

cornflakes

面粉

farine

羊角面包

croissant

面包卷

petits-pains

面包

pain

烤面包

pain grillé

饼干

biscuits

黄油

beurre

凝乳

le fromage blanc

蛋糕

gâteau

蛋

œuf

煎蛋

œuf au plat

奶酪

fromage

冰激凌

glace

糖

sucre

蜂蜜

miel

果酱

confiture

巧克力酱

crème nougat

咖喱饭

curry

农舍
ferme

稻草捆
botte de paille

粮仓
grange

田野
champ

马
cheval

拖车
remorque

马驹
poulain

拖拉机
tracteur

驴
âne

羔羊
agneau

羊
mouton

山羊

chèvre

奶牛

vache

牛犊

veau

猪

porc

小猪

porcelet

公牛

taureau

鹅

oie

鸭

canard

小鸡

poussin

母鸡

poule

公鸡

coq

鼠

rat

猫

chat

老鼠

souris

牛

bœuf

狗

chien

狗屋

chenil

花园浇水软管

tuyau de jardin

洒水壶

arrosoir

长柄大镰刀

faucheuse

犁

charrue

镰刀

faucille

锄头

pioche

长柄草耙

fourche

斧头

hache

独轮手推车

brouette

饲料槽

cuve

牛奶罐

pot à lait

麻布袋

sac

栅栏

clôture

马厩

étable

温室

serre

土壤

sol

种子

semences

肥料

engrais

联合收割机

moissonneuse-batteuse

收割

récolter

收割

récolte

山药

igname

小麦

blé

大豆

soja

土豆

pomme de terre

玉米

maïs

油菜籽

colza

果树

arbre fruitier

树薯

manioc

谷物

céréales

烟囱
cheminée

屋顶
toit

落水管
gouttière

窗户
fenêtre

车库
garage

门铃
sonnette

门
porte

垃圾桶
poubelle

信箱
boîte aux lettres

花园
jardin

客厅
salon

浴室
salle de bain

厨房
cuisine

卧室
chambre à coucher

儿童房
chambre d'enfant

餐厅
salle à manger

地板
sol

墙壁
mur

吊顶
plafond

地窖
cave

桑拿
sauna

阳台
balcon

露台
terrasse

游泳池
piscine

割草机
tondeuse à gazon

被单
housse

床罩
couette

床
lit

扫帚
balai

水桶
sceau

开关
interrupteur

壁纸
papier peint

台灯
lampe

照片
image

搁架
étagère

橱柜
armoire

电视机
télé

壁炉
cheminée

花
fleur

垫子
coussin

沙发
sofa

花瓶
vase

遥控器
télécommande

地毯
tapis

窗帘
rideau

餐桌
table

椅子
chaise

摇椅
chaise à bascule

扶手椅
fauteuil

书

livre

毯子

couverture

装饰品

décoration

木柴

bois de chauffage

电影

film

高保真音响

chaîne hi-fi

钥匙

clé

报纸

journal

油画

peinture

海报

poster

收音机

radio

笔记本

bloc-notes

吸尘器

aspirateur

仙人掌

cactus

蜡烛

bougie

冰箱
réfrigérateur

微波炉
four à micro-ondes

厨房秤
balance de cuisine

洗洁精
détergent

烤面包机
grille-pain

烤箱
four

冰柜
compartiment congélateur

洗碗机
lave-vaisselle

垃圾桶
poubelle

炊具

four

锅

casserole

铸铁锅

marmite

炒锅

wok / kadai

平底锅

poêle

水壶

bouilloire electrique

蒸锅

cuiseur vapeur

烤盘

plaque de cuisson

陶瓷锅

vaisselle

马克杯

gobelet

碗

coupe

筷子

baguettes

长柄勺

louche

铲子

spatule

搅拌器

fouet

滤网

passoire

筛子

tamis

磨碎机

râpe

研钵

mortier

烧烤

barbecue

明火

cheminée

菜板

planche à découper

擀面杖

rouleau à pâtisserie

开瓶器

tire-bouchon

罐子

boîte

开罐器

ouvre-boîte

隔热手套

maniques

水槽

lavabo

刷子

brosse

海绵

éponge

搅拌机

mixeur

冷藏箱

congélateur

奶瓶

biberon

水龙头

robinet

供暖设备
chauffage

淋浴
douche

毛巾
serviette

浴帘
rideau de douche

泡沫浴
bain moussant

浴缸
baignoire

玻璃杯
verre

洗衣机
machine à laver

瓷砖
carrelage

水龙头
robinet

便壶
pot

水槽
lavabo

厕所

toilettes

蹲便器

toilette à la turque

坐浴器

bidet

小便池

urinoir

厕纸

papier toilette

马桶刷

brosse à toilette

牙刷
brosse à dents

牙膏
dentifrice

牙线
fil dentaire

洗
laver

手持式喷淋头
douche manuelle

冲洗器
douche intime

洗脸盆
vasque

擦背刷
brosse dorsale

肥皂
savon

沐浴露
gel douche

洗发水
shampooing

法兰绒
gant de toilette

排水
écoulement

乳霜
crème

除臭剂
déodorant

镜子
miroir

手镜
miroir cosmétique

剃须刀
rasoir

剃须泡沫
mousse à raser

须后水
après-rasage

梳子
peigne

刷子
brosse

吹风机
sèche-cheveux

喷发定型剂
laque pour cheveux

化妆品
fond de teint

唇膏
rouge à lèvres

指甲油
vernis à ongles

化妆棉
ouate

指甲剪
coupe-ongles

香水
parfum

洗漱包

trousse de toilette

凳子

tabouret

计重秤

pèse-personne

浴袍

peignoir

橡胶手套

gants de nettoyage

卫生棉条

tampon

卫生巾

serviettes hygiéniques

化学厕所

toilette chimique

闹钟
réveil

毛绒玩具
doudou

玩具车
voiture jouet

拨浪鼓
hochet

玩具屋
maison de poupée

礼物
cadeau

气球

ballon

床

lit

（洋娃娃用）婴儿车

poussette

扑克牌

jeu de cartes

拼图

puzzle

漫画

bande dessinée

乐高积木

pièces lego

积木玩具

blocs de construction

玩具人

figurine

婴儿服

grenouillère

飞盘

frisbee

床铃玩具

mobile

棋盘游戏

jeu de société

骰子

dé

火车模型

train miniature

安抚奶嘴

sucette

聚会

fête

绘本

livre d'images

球

balle

洋娃娃

poupée

玩

jouer

沙坑

bac à sable

秋千

balançoire

玩具

jouets

游戏机

console de jeu

三轮车

tricycle

泰迪熊

ours en peluche

衣柜

armoire

衣服

vêtements

袜子

chaussettes

长袜

bas

紧身裤

collant

围巾
écharpe

雨伞
parapluie

T恤
t-shirt

皮带
ceinture

靴子
bottes

拖鞋
pantoufles

运动鞋
baskets

凉鞋
sandales

鞋
chaussures

雨靴
bottes de caoutchouc

内裤
sous-vêtements

胸罩
soutien-gorge

背心
maillot de corps

身体
body

裤子
pantalon

牛仔裤
jean

短裙
jupe

女式衬衫
chemisier

衬衫
chemise

套头衫
pull

卫衣
sweat à capuche

西装夹克
veste

夹克
veste

外套
manteau

雨衣
imperméable

套装
costume

连衣裙
robe

婚纱
robe de mariée

西装
costume

睡袍
chemise de nuit

睡衣
pyjama

莎丽
sari

头巾
foulard

包头巾
turban

波卡
burqa

卡夫坦
caftan

(阿拉伯式)长袍长袍
abaya

泳衣
maillot de bain

男式泳裤
maillot de bain

短裤
short

运动服
tenue d'entraînement

围裙
tablier

手套
gants

纽扣

bouton

眼镜

lunettes

手链

bracelet

项链

collier

戒指

bague

耳环

boucle d'oreille

便帽

bonnet

衣架

cintre

帽子

chapeau

领带

cravate

拉链

fermeture éclair

头盔

casque

背带

bretelles

校服

uniforme scolaire

制服

uniforme

围兜
bavoir

安抚奶嘴
sucette

尿不湿
lange

办公室
bureau

服务器
serveur

文件柜
armoire d'archivage

打印机
imprimante

显示屏
écran

纸
papier

鼠标
souris

办公桌
bureau

文件夹
classeur

键盘
clavier

废纸篑
corbeille à papier

电脑
ordinateur

椅子
chaise

咖啡杯
tasse de café

计算器
calculatrice

因特网
internet

笔记本电脑

ordinateur portable

信件

lettre

消息

message

手机

portable

网络

réseau

复印机

photocopieuse

软件

logiciel

电话

téléphone

插座

prise

传真机

fax

表格

formulaire

文件

document

买
acheter

付钱
payer

交易
faire du commerce

现金
monnaie

美元
dollar

欧元
euro

日元
yen

卢布
rouble

瑞士法郎
franc suisse

人民币
renminbi yuan

卢比
roupie

提款处
distributeur automatique

外币兑换处

bureau de change

金

or

银

argent

石油

pétrole

能源

énergie

价格

prix

合同

contrat

税金

taxe

股票

action

工作

travailler

职员

employé

老板

employeur

工厂

usine

商店

magasin

警官
agent de police

消防员
pompier

厨师
cuisinier

医生
médecin

飞行员
pilote

园丁

jardinier

木匠

menuisier

裁缝

couturière

法官

juge

化学家

chimiste

演员

acteur

公交车司机

conducteur de bus

出租车司机

chauffeur de taxi

渔夫

pêcheur

清洁女工

femme de ménage

屋顶工

couvreur

服务员

serveur

猎人

chasseur

画家

peintre

面包师

boulanger

电工

électricien

建筑工人

ouvrier

工程师

ingénieur

屠夫

boucher

水管工

plombier

邮递员

facteur

士兵

soldat

建筑师

architecte

收银员

caissier

花农

fleuriste

理发师

coiffeur

售票员

contrôleur

机械师

mécanicien

船长

capitaine

牙医

dentiste

科学家

scientifique

拉比

rabbin

伊玛目

imam

和尚

moine

牧师

prêtre

铁锤
marteau

钳子
pinces

螺丝刀
tournevis

扳手
clé

手电筒
torche

挖掘机

pelleteuse

工具箱

boîte à outils

梯子

échelle

锯子

scie

钉子

clous

钻机

perceuse

修
......
réparer

铲子
......
pelle

靠！
......
Mince !

簸箕
......
pelle

油漆桶
......
pot de peinture

螺丝
......
vis

乐器

instruments de musique

低音提琴
contrebasse

打击乐器
batterie

扬声器
haut-parleurs

吉他
guitare

小号
trompette

钢琴

piano

小提琴

violon

贝斯

basse

定音鼓

timbales

鼓

tambour

电子琴

piano électrique

萨克斯管

saxophone

长笛

flûte

麦克风

microphone

入口
entrée

老虎
tigre

笼子
cage

斑马
zèbre

动物饲料
alimentation animale

熊猫
panda

动物

animaux

大象

éléphant

袋鼠

kangourou

犀牛

rhinocéros

大猩猩

gorille

熊

ours

骆驼

chameau

鸵鸟

autruche

狮子

lion

猴子

singe

火烈鸟

flamand rose

鹦鹉

perroquet

北极熊

ours polaire

企鹅

pingouin

鲨鱼

requin

孔雀

paon

蛇

serpent

鳄鱼

crocodile

动物园管理员

gardien de zoo

海豹

phoque

美洲豹

jaguar

矮种马

poney

豹

léopard

河马

hippopotame

长颈鹿

girafe

老鹰

aigle

野猪

sanglier

鱼

poisson

龟

tortue

海象

morse

狐狸

renard

羚羊

gazelle

橄榄球
american Football

骑自行车
cyclisme

网球
tennis

篮球
basket-ball

游泳
natation

拳击
boxe

冰球
hockey sur glace

英式足球
football

羽毛球
badminton

田径
athlétisme

手球
handball

滑雪
ski

马球
polo

跳
sauter

拥抱
embrasser

笑
rire

走路
marcher

唱
chanter

祈祷
prier

亲吻
faire la bise

做梦
rêver

书写
écrire

画
dessiner

展示
montrer

推
pousser

给
donner

拿
prendre

有
avoir

做
faire

当
être

站
être debout

跑
courir

拉
trier

扔
jeter

摔倒
tomber

躺
être couché

等待
attendre

携带
porter

坐
être assis

穿衣
s'habiller

睡觉
dormir

醒来
se réveiller

看
regarder

哭
pleurer

抚摸
caresser

梳头
peigner

交谈
parler

明白
comprendre

问
demander

听
écouter

喝
boire

吃
manger

清理
ranger

爱
aimer

做饭
cuire

开车
conduire

飞
voler

航行

faire de la voile

计算

calculer

读

lire

学习

apprendre

工作

travailler

结婚

se marier

缝

coudre

刷牙

brosser les dents

杀

tuer

抽烟

fumer

寄

envoyer

祖母
grand-mère

祖父
grand-père

父亲
père

母亲
mère

婴童
bébé

女儿
fille

儿子
fils

客人

hôte

阿姨

tante

叔叔

oncle

兄弟

frère

姐妹

sœur

前额
front

眼睛
œil

肩膀
épaule

手指
doigt

脸
visage

下巴
menton

手
main

乳房
poitrine

腿
jambe

手臂
bras

婴童

bébé

男人

homme

女人

femme

女孩

fille

男孩

garçon

头

tête

背部

dos

肚子

ventre

肚脐

nombril

脚趾

orteil

脚后跟

talon

骨头

os

臀部

hanche

膝盖

genou

手肘

coude

鼻子

nez

屁股

fesses

皮肤

peau

脸颊

joue

耳朵

oreille

嘴唇

lèvre

身体 - corps

嘴

bouche

牙齿

dent

舌头

langue

脑

cerveau

心脏

cœur

肌肉

muscle

肺

poumons

肝脏

foie

胃

estomac

肾脏

reins

性交

rapport sexuel

避孕套

préservatif

卵子

ovule

精子

sperme

怀孕

grossesse

月经

menstruation

阴道

vagin

阴茎

pénis

眉毛

sourcil

头发

cheveux

脖子

cou

医院
hôpital

救护车
ambulance

轮椅
fauteuil roulant

骨折
fracture

医生
médecin

急诊室
service des urgences

护士
infirmière

紧急情况
urgence

昏迷
inconscient

痛
douleur

受伤
blessure

出血
hémorragie

心脏病发作
crise cardiaque

中风
attaque cérébrale

过敏
allergie

咳嗽
toux

发烧
fièvre

流感
grippe

腹泻
diarrhée

头痛
mal de tête

癌症
cancer

糖尿病
diabète

外科医生
chirurgien

手术刀
scalpel

手术
opération

医院 - hôpital

CT

CT

X光

radiographie

超声波

échographie

口罩

masque

疾病

maladie

候诊室

salle d'attente

拐杖

béquille

石膏

pansement

绷带

pansement

注射

injection

听诊器

stéthoscope

担架

brancard

体温计

thermomètre

出生

accouchement

超重

surcharge pondérale

助听器

appareil auditif

消毒液

désinfectant

感染

infection

病毒

virus

艾滋病

VIH / sida

药物

médicament

接种疫苗

vaccination

药片

comprimés

药丸

pilule

急救电话

appel d'urgence

血压计

tensiomètre

生病/健康

malade / sain

救命！

Au secours !

警报

alarme

突击

assaut

攻击

attaque

危险

danger

紧急出口

sortie de secours

着火啦！

Au feu!

灭火器

extincteur

意外

accident

急救箱

trousse de premier secours

呼救信号

SOS

警察

police

欧洲

Europe

北美洲

Amérique du Nord

南美洲

Amérique du Sud

非洲

Afrique

亚洲

Asie

澳洲

Australie

大西洋

Océan atlantique

太平洋

Océan pacifique

印度洋

Océan indien

南冰洋

Océan antarctique

北冰洋

Océan arctique

北极

pôle nord

南极

pôle sud

南极洲

Antarctique

地球

terre

陆地

pays

海

mer

岛

île

国家

nation

国家

état

钟面

cadran

时针

aiguille des heures

分针

aiguille des minutes

秒针

aiguille des secondes

现在几点？

Quelle heure est-il ?

天

jour

时间

temps

现在

maintenant

电子表

montre digitale

分

minute

时

heure

周一 lundi
周三 mercredi
周五 vendredi
周二 mardi
周四 jeudi
周六 samedi
周日 dimanche

昨天

hier

今天

aujourd'hui

明天

demain

早晨

matin

中午

midi

晚上

soir

MO TU WE TH FR SA SU

工作日

jours ouvrables

MO TU WE TH FR SA SU

周末

week-end

雨
▶ pluie

彩虹
▶ arc-en-ciel

风
▶ vent

雪
▶ neige

春
printemps

夏
été

秋
▶ automne

冬
hiver

4.APRIL	11°	☀
5.APRIL	4°	⛈
6.APRIL	13°	🌧
7.APRIL	8°	☀
8.APRIL	10°	☀

天气预报

météo

温度计

thermomètre

阳光

lumière du soleil

云

nuage

雾

brouillard

潮湿

humidité

闪电

foudre

打雷

tonnerre

风暴

tempête

冰雹

grêle

季风

mousson

洪水

inondation

冰

glace

一月

janvier

二月

février

三月

mars

四月

avril

五月

mai

六月

juin

七月

juillet

八月

août

九月

septembre

十月

octobre

十一月

novembre

十二月

décembre

形状

formes

圆形

cercle

正方形

carré

长方形

rectangle

三角形

triangle

球体

sphère

立方体

cube

白
blanc

黄
jaune

橙
orange

粉
rose

红
rouge

紫
violet

蓝
bleu

绿
vert

棕
marron

灰
gris

黑
noir

很多/少许

beaucoup / peu

生气/平静

fâché / calme

美/丑

joli / laid

首/尾

début / fin

大/小

grand / petit

明/暗

clair / obscure

兄弟/姐妹

frère / soeur

干净/肮脏

propre / sale

完整/缺失

complet / incomplet

白天/晚上

jour / nuit

死/生

mort / vivant

宽/窄

large / étroit

可食用/非食用

comestible / incomestible

邪恶/善良

méchant / gentil

兴奋/无聊

excité / ennuyé

胖/瘦

gros / mince

第一/最后

premier / dernier

朋友/敌人

ami / ennemi

满/空

plein / vide

硬/软

dur / souple

重/轻

lourd / léger

饿/渴

faim / soif

生病/健康

malade / sain

非法/合法

illégal / légal

聪明/愚笨

intelligent / stupide

左/右

gauche / droite

近/远

proche / loin

新/旧

nouveau / usé

没有/有些

rien / quelque chose

老/幼

vieux / jeune

开/关

marche / arrêt

打开/合上

ouvert / fermé

安静/吵闹

faible / fort

富/穷

riche / pauvre

对/错

correct / incorrect

粗糙/光滑

rugueux / lisse

伤心/高兴

triste / heureux

短/长

court / long

慢/快

lent / rapide

湿/干

mouillé / sec

温暖/凉爽

chaud / froid

战争/和平

guerre / paix

反义词 - oppositions

数字

nombres

0

零
....
zéro

1

一
....
un / une

2

二
....
deux

3

三
....
trois

4

四
....
quatre

5

五
....
cinq

6

六
....
six

7

七
....
sept

8

八
....
huit

9

九
....
neuf

10

十
....
dix

11

十一
....
onze

12
十二
douze

13
十三
treize

14
十四
quatorze

15
十五
quinze

16
十六
seize

17
十七
dix-sept

18
十八
dix-huit

19
十九
dix-neuf

20
二十
vingt

100
百
cent

1.000
千
mille

1.000.000
百万
million

英语

anglais

美式英语

anglais américain

普通话

chinois mandarin

印地语

hindi

西班牙语

espagnol

法语

français

阿拉伯语

arabe

俄语

russe

葡萄牙语

portugais

孟加拉语

bengali

德语

allemand

日语

japonais

我
je

你
tu

他/她/它
il / elle / ce, c', cela

我们
nous

你们
vous

他们
ils / elles

谁？
Qui ?

什么？
Quoi ?

怎样？
Comment ?

哪里？
Où ?

什么时候？
Quand ?

名字
nom

后面

derrière

里面

dans

前面

devant

上方

au-dessus

上面

sur

下面

en-dessous

旁边

à côté de

中间

entre

地点

lieu